What's in a name

Ana Luísa Amaral

What's in a name

Translated from the Portuguese
by Margaret Jull Costa

A NEW DIRECTIONS BOOK

Manufactured in the United States of America
New Directions Books are printed on acid-free paper
First published as a New Directions Book in 2019
Design by Erik Rieselbach

Library of Congress Cataloging-in-Publication Data
Names: Amaral, Ana Luísa, 1956– author. | Costa, Margaret Jull, translator.
Title: What's in a name / Ana Luísa Amaral ; translated from the Portuguese
by Margaret Jull Costa.
Description: New York : New Directions, 2019.
Identifiers: LCCN 2018045022 | ISBN 9780811228329 (alk. paper)
Classification: LCC PQ9263.M26 T813 2019 | DDC 869.1/42—dc23
LC record available at https://lccn.loc.gov/2018045022

10 9 8 7 6 5 4 3 2 1

New Directions Books are published for James Laughlin
by New Directions Publishing Corporation
80 Eighth Avenue, New York 10011

What's in a name? That which we call a rose
By any other name would smell as sweet
Romeo and Juliet, II, ii

WHAT'S IN A NAME

What's in a name

Pergunto: o que há num nome?

De que espessura é feito se atendido,
que guerras o amparam,
paralelas?

Linhagens, chãos servis,
raças domadas por algumas sílabas,
alicerces da história nas leis que se forjaram
a fogo e labareda?

Extirpado o nome, ficará o amor,
ficarás tu e eu—mesmo na morte,
mesmo que em mito só

E mesmo o mito (escuta!),
a nossa história breve
que alguns lerão como matéria inerte,
ficará para o sempre do humano

E outros
o hão-de sempre recolher,
quando o seu século dele carecer

E, meu amor, força maior de mim,
seremos para eles como a rosa—

Não, como o seu perfume:

ingovernado   livre

What's in a name

Tell me: what's in a name?

How solid is a name if answered to,
by what parallel wars
is it sustained?

Lineages, subject lands,
races tamed by a few syllables,
history's foundations set in laws forged
in fire and flame?

Remove the name and love will still remain,
as will you and I—even in death,
even if only as myth

Yes, even as myth (do you hear?),
even our brief history
that some will read as mere inert matter,
will remain for our all-too-human eternity

And others
will always embrace it,
when their century is most in need

And my love, my stronger half,
we, for them, will be like the rose—

No, like its perfume:

ungovernable   free

THINGS

Coisas

Dar nome a estas coisas
que só são coisas porque a pupila
assim as reconhece
e as transmite a neurónios repetidos
que as aprendem de cor:
é sempre, e mesmo assim,
um reduzido ofício

O mesmo com um rosto,
a sua tessitura em tom pungente ou suave,
a polpa estremecente e estremecendo
a rede de neurónios

E tanto o coração

O que sobra depois,
resolvidas que estão as dimensões achadas,
é este não saber coisa nenhuma,
sentir que pouco valem
estas sílabas

Que mesmo assim se encostam
aos declives e entalhes mornos,
vivos de células e pequenos veios
onde advérbios se perdem
e vacilam

Things

Giving a name to these things
which are only things because the eye
recognizes them as such
and transmits them to sundry neurons
which then learn them by heart,
is always, and despite all,
a paltry task

The same with a face,
its texture poignant and soft
the tremulous flesh sending tremors
through the network of neurons

And the heart as well

What's left,
once dimensions have been drawn,
is this not knowing anything at all,
this sense of how worthless
these syllables are

Which inevitably seek shelter in
the warm slopes and grooves
alive with cells and tiny veins
where adverbs get lost
and hesitate

Ou à cor desses olhos,
que a pouco e pouco vou sabendo minha,
e não sei conjugar. Só declinar,
ao inclinar-me nela

Por isso, e mesmo assim, de nomes falo:
porque não sou capaz
de melhor forma:

Or the color of those eyes,
which I gradually recognize as mine,
but don't know how to conjugate, only to decline
as I incline towards it

That's why, and despite all, I speak of names:
because I cannot find
a better way:

Matar é fácil

Assassinei (tão fácil) com a unha
um pequeno mosquito
que aterrou sem licença e sem brevet
na folha de papel

Era em tom invisível,
asa sem consistência de visão
e fez, morto na folha, um rasto
em quase nada

Mas era um rasto
em resto de magia, pretexto
de poema, e ardendo a sua linfa
por um tempo menor
que o meu tempo de vida,
não deixava de ser
um tempo vivo

Abatido sem lança, nem punhal,
nem substância mortal
(um digno cianeto ou estricnina),
morreu, vítima de unha,
e regressou ao pó:
uma curta farinha triturada

Mas há-de sustentar,
tal como os seus parentes,

Murder is easy

With my nail I murdered (so easy)
a small mosquito
that landed without permission and without a license
on this piece of paper

Dressed to be invisible,
its wings too insubstantial to be seen
and once dead on the paper, a trace
of almost nothing

But a trace
with a trick of magic, a pretext
for a poem, and though its lymph burned
for less time
than my lifetime,
it was still
a time lived

Laid low by no spear, no dagger,
no mortal poison
(a dignified dose of cyanide or strychnine)
it died, the victim of a fingernail,
and returned to dust:
a brief floury powder

But it must contain,
like all its relatives,

qualquer coisa concreta,
será, daqui a menos de anos cem,
de uma substância igual

à que alimenta tíbia de poeta,
o rosto que se amou,
a pasta do papel onde aqui estou,
o mais mínimo ponto imperturbável
de cauda de cometa

something concrete,
in less than a hundred years, it will be
the same substance

as feeds a poet's tibia,
a face once loved,
this piece of paper pulp on the desk before me,
the tiniest most imperturbable point
on a comet's tail—

Abandonos

Deixei um livro
num banco de jardim:
um despropósito

Mas não foi por acaso
que lá deixei o livro, embora o sol estivesse quase
a pôr-se, e o mar que não se via do jardim
brilhasse mais

Porque a terra, de facto, era terra interior,
e não havia mar, mas só planície,
e à minha frente: um tempo de sorriso
a desenhar-se em lume,
e o mar que não se via (como dizia atrás)
era um caso tão sério, e ao mesmo tempo
de uma tal leveza, que o livro:
só ideia

Essa sim, por acaso, surgida num comboio
e nem sequer foi minha, mas de alguém
que muito gentilmente ma cedeu,
e criticando os tempos, mais tornados
que ventos, pouco livres

E ela surgiu, gratuita,
pura ideia,
dizendo que estes tempos exigiam assim:

Abandonings

I left a book
on a park bench:
how foolish

But it was not by chance
I left the book, even though the sun was almost
setting, and the sea, invisible from the park,
was shining ever brighter

Because the earth, in fact, was an inner earth,
and there was no sea, only a plain,
and ahead of me: a time of smiles
traced in fire,
and the sea (invisible as I said before)
was such a serious matter and at the same time
so frivolous, that the book:
pure idea

An idea that did, purely by chance, appear on a train
and wasn't even mine, but someone else's
who very kindly gave it to me,
criticizing these trammeled times of ours, more tornadoes
than winds

And there it was, for free,
pure idea,
saying that this is what the times demanded:

um livro abandonado
num banco de jardim

E assim se fez,
entre o comboio cruzando este papel
impróprio para livro,
e o tempo do sorriso

(que aqui, nem de propósito,
existe mesmo, juro, e o lume de que falo mais acima,
o mar que não se vê, nem com mais nada rima,
e o banco de jardim,
onde desejo ter deixado o livro,
mas só se avista no poema, e livre,
horizontal
daqui)

a book left
on a park bench

And so it was,
between the train crossing this piece of paper
unsuitable for a book,
and that time of smiles

(which does, incidentally,
really exist, I swear, as does the fire
and the invisible sea, with which nothing will agree,
and the park bench,
where I wish I had left the book,
but it's only to be seen from here
in this poem,
for free,
on the horizon)

Aprendizagens

Era cromada e preta a bicicleta,
trazia um laço largo no volante circulando
o Natal e rodas generosas
como parecia o mundo

Eu, na manhã seguinte,
sem saber sustentar a rota nivelada,
o meu pai a meu lado, segurando o assento,
a sua mão: aceso fio de prumo,
em acesa confiança

Depois, era-lhe a voz entrecortada
pelo puro cansaço de correr,
tentando harmonizar a bicicleta

Hoje, muitos anos depois de gestos paralelos,
a minha filha sobre outras estradas,
a minha mão corrigindo o desvio de mais modernas rodas,
entendo finalmente que era emoção o que se ouvia
na voz interrompida do meu pai:

o medo que eu caísse,
mesmo sabendo que eram curtas as quedas,
mas sobretudo a ternura de me ver ali,
a entrar no mundo dos crescidos,
em equilíbrio débil,
rente à saída circular da infância

Learning curves

The bicycle was chrome and black,
with a long ribbon on the handlebars
encircling Christmas and wheels as generous
as the world seemed to be

The following morning,
unable to keep upright,
my father beside me, holding the saddle,
his hand: bright plumb line,
brightly confident

Then, it was his voice, tired
and breathless from running,
trying to keep pace with the bike

Today, many years after those parallel gestures,
my daughter setting off down different roads,
my hand guiding the direction of more modern wheels,
I finally understand that it was emotion I heard
in my father's broken breath:

the fear that I might fall,
even knowing I wouldn't fall far,
but, above all, a feeling of love to see me there,
entering the grown-up world,
precariously balanced,
about to leave the whirligig of childhood

A castanha

Rasguei,
como se fosse um pensamento,
uma castanha brava apanhada do chão,
a sua casca acesa e perturbante

A castanha era brava, no sentido
mais breve da palavra,
aguerrida castanha muito jovem,
que lutou contra a força dos meus dedos

Ergui depois, vencido,
o corpo da castanha
usando como berço as minhas mãos

Despido, incandescente,
polimento de cera, cor realmente
nomeando a coisa

Em desvio,
como acontece em tanta natureza,
a zona branca destoando o resto:

uma face de Deus? uma fronteira?
um sobressalto em face do igual?

The chestnut

I split it open,
like a thought:
a wild chestnut I picked up from the ground
its shell fierce and troubling

The chestnut was wild in the basic sense
of the word,
a young warrior it was, this chestnut,
which struggled hard against my fingers

Then I prised out the vanquished
body of the nut itself,
cradling it in my hands

Naked, incandescent,
highly polished, chestnut in color
and in name

And oddly,
as so often happens in nature,
the white tip dissonant against the brown:

one of God's faces? a frontier?
a sudden dread of sameness?

Hesitante, pousei-a junto às folhas nuas
e ficámos as duas,
como um pensamento,
na nossa dividida
solidão

Hesitant, I put it back among the bare leaves
and there we stayed the two of us
like a thought,
in our shared
solitude

Apontamento em voo

Não conseguiu o tempo
do poema
coincidir-lhes voo,
um vento atrás:

ao das jovens cegonhas
pelo céu,
lisas e puras

Só tentar-lhes compasso
em arremedo

E o passo arrastado
do poema
ficou-se nesse atraso:

o motor raso,
os dedos sob a asa—
do avesso

rasgando, sem rasgar,
o dúctil ar
da folha—

Fleeting thought

The poem's tempo
failed to keep up,
despite a following wind:

with the young storks
flying across the sky,
pure and effortless

and could only attempt
to mimic their beat

But the sluggish pace
of the poem
stalled and stopped:

the lagging engine,
fingers beneath the wing—
the underside

tearing, without tearing,
the supple air
of the leaf—

Apontamento vegetal

O corpo das agulhas
de pinheiro:
diapasão impuro organizado
a verde,
um brevíssimo tempo de castanho

Ou espada de dois gumes
podia ser também:
como o amor

Ou língua bifurcada
junto ao sol,
dragão que, renascendo,
libertasse os seus braços de voar
e se erguesse em serpente,
resguardando, solene,
a arte em fogo

Um lento incêndio
lento,
capaz de devolver ao vento
a perfeição:

nunca diapasão seria tão perfeito
nem desta nitidez
dilacerante

Plant thoughts

The body of a pine
needle:
a rough tuning fork
clothed in green,
a brief chestnut-brown interval

Or it could be
a double-edged sword:
like love

Or a forked tongue
alongside the sun,
a dragon, which, reborn,
set free its winged arms
and rose up a serpent,
solemnly defending
its fire-breathing art

A slow fire burning
slowly,
capable of restoring to the wind
perfection:

no tuning fork could ever be so perfect
nor possess such piercing
clarity

Definições

Em loja, e a propósito de um casaco azul

Há assim e em branco
—o casaco, queria ela dizer

Mas podia estar a falar de um muro em musgo ausente,
ou da lua, que só fica vermelha em noites muito quentes
e é geralmente branca,
ou da tristeza, que nem sempre é escura,
como nos fazem crer,
e se assemelha por vezes ao desespero,
esse a que, há mais de um século,
uma poeta chamou sustento branco

Não foi decerto acidental esse dizer da poeta:
ela sabia ser o branco a confluência das cores todas
e, metaforicamente, a cor da luz:
porque reflecte em perfeição
os raios luminosos

Essa imagem eleita encerra em ironia
a própria coisa nomeada,
por isso a poeta podia até ter dito: há em branco e assim,
o sustento de que ele é feito, o desespero

Definitions

On buying a blue jacket

We have it in this shade or in white
—she meant the jacket

But she could have been speaking about a moss-free wall,
or about the moon, only red on the hottest nights of all,
but usually white,
or about sadness, which is not always dark,
as people would have us believe,
and sometimes resembles despair,
that thing which, more than a century ago,
a poet called that white sustenance

Those words were clearly not accidental:
she knew white to be the confluence of all colors
and, metaphorically, the color of light:
because it perfectly reflects
those luminous rays

And that chosen image clothes in irony
the very thing named,
which is why the poet could have said: we have it in this shade and in white,
the sustenance of which it's made, despair

Como a lua ou o muro, nas suas serventias
tão diferentes: violência, dor,
mas também o mistério de um gato caminhante,

podem ser formas várias de falar do desespero,
que não tem musgo a resguardar-lhe arestas e crateras,
nem luar a sustê-lo,
nem um gentil pousar

E pode haver em branco,
o mais de dentro, ou o de imaginar
o não imaginável:

esse não é tingido a branco:
há assim, puro e longo, sem amparo nenhum,
não se sabe até quando
a haver—

Like the moon or the wall, in their very different
uses: violence, pain,
but also the mystery of the way a cat walks,

they can all be different forms of talking about despair,
which has no moss to protect its edges and craters,
no moonlight to sustain it,
no obliging perch

And it can come in white,
the innermost part, or the part imagining
the unimaginable:

which is not tinged with white:
it comes in this one shade, pure, enduring, naked,
and we do not know how much longer
we will have it—

Nú: estudo em comoção

Em que meditas tu
quando olhas para mim dessa maneira,
deitada no sofá
diagonal ao espaço onde me sento,
fingindo eu não te olhar?

Em que pensa o teu corpo
elástico, alongado,
pronto a vir ter comigo
se eu pedir?

As orelhas contidas em recanto,
as patas recuadas,
o que atravessa agora o branco dos teus olhos:
lua em quarto-crescente,
um prado claro?

E quando dormes, como noutras horas,
que sonhos te viajam:
a mãe, a caça, a mão macia, o salto
muito perfeito
e alto, muito esguio?

Onde: a noite sem frio
que nos abrigará
um dia

Nude: a study in poignancy

What are you thinking about
when you look at me like that,
as you lie on the sofa,
diagonal to the place I sit,
with me pretending not to look at you?

What is your body thinking about,
your long, elastic body,
ready to come to me
if I call?

Ears slightly pricked,
paws furled,
what can you see now in the whites of your eyes:
a crescent moon,
a pale meadow?

And when you sleep, at other times,
what dreams travel through you:
your mother, a mouse, a soft hand, a leap
so perfect
and high, so lithe?

Where: the uncold night
that will one day
shelter us

e que há-de ser
(só pode ser)

igual?

and that will
(as it must)

be the same?

As porosas membranas do amor

Mesmo pequena,
consegue a minha mão
rodear-lhe o pescoço
incólume e inteiro

Um círculo de paz (parece)
pelos seus sons macios:
marulho suave que me acetina a pele,
produz, em inter-espécie:
diálogo movido a doce pêlo
e pressão digital

Mas cerco até à morte, tenaz cruel
também podia ser,
se eu lhe traísse a fé,
a sua confiança
comovente

O que a fará reter-se
neste quente laço
capaz de ser mortal,
mas que ela vê, e eu, como um abraço:
doce língua de fogo,
halo
(quase) total?

The porous membranes of love

My hand though small
is still large enough
to encircle her neck
unscathed   entire

A circle of peace (it seems)
given the soft sounds she makes:
a gentle lapping that soothes and smooths,
an interspecies
dialogue between soft fur
and gentle fingers

But a deathlier grip
could make it a cruel pincer,
were I to betray her faith,
her touching
trust

What makes her stay
in this warm lasso
that could prove fatal,
but which both she and I see as an embrace:
soft tongue of fire,
an (almost) perfect
halo?

Uma botânica da paz: visitação

Tenho uma flor
de que não sei o nome

Na varanda,
em perfume comum
de outros aromas:
hibisco, uma roseira,
um pé de lúcia-lima

Mas esses são prodígios
para outra manhã:
é que esta flor
gerou folhas de verde
assombramento,
minúsculas e leves

Não a ameaçam bombas
nem românticos ventos,
nem mísseis, ou tornados,
nem ela sabe, embora esteja perto,
do sal em desavesso
que o mar traz

A botanics of peace: visitation

I have a flower,
name unknown

On the balcony,
a scent shared
with other aromas:
a hibiscus, a rose bush,
a pot of lemon verbena

But those are marvels
for another morning:
because this flower
has sent out sudden leaves of green
bedazzlement,
tiny and fragile

No bombs threaten it
no romantic breezes,
no missiles, or tornadoes,
it doesn't even know about the salt,
however close to home,
brought in slant by the sea

E o céu azul de Outono
a fingir Verão
é, para ela, bênção,
como a pequena água
que lhe dou

Deve ser isto
uma espécie da paz:

um segredo botânico
da luz

And the blue autumn sky
disguised as summer
is, for this plant, a blessing,
like my proffered
little drop of water

This must be
a species of peace:

one of the light's
botanical secrets

Visitações, ou poema que se diz manso

De mansinho ela entrou, a minha filha.

A madrugada entrava como ela, mas não
tão de mansinho. Os pés descalços,
de ruído menor que o do meu lápis
e um riso bem maior que o dos meus versos.

Sentou-se no meu colo, de mansinho.

O poema invadia como ela, mas não
tão mansamente, não com esta exigência
tão mansinha. Como um ladrão furtivo,
a minha filha roubou-me inspiração,
versos quase chegados, quase meus.

E mansamente aqui adormeceu,
feliz pelo seu crime.

Visitations, or a supposedly gentle poem

She entered very gently, my daughter.

The dawn entered with her, but not
quite as gently. Her bare feet
made less noise than my pencil on the page,
but her laughter was louder than my poem.

She climbed, very gently, onto my lap.

The poem, like her, came creeping in, but not
quite as gently, not with the same
gentle urgency. Like a furtive thief
my daughter stole my inspiration,
those lines—almost finished, almost mine.

And here she fell gently asleep,
contented with her crime.

COMMON PLACES

Testamento

Vou partir de avião
e o medo das alturas misturado comigo
faz-me tomar calmantes
e ter sonhos confusos

Se eu morrer
quero que a minha filha não se esqueça de mim
que alguém lhe cante mesmo com voz desafinada
e que lhe ofereçam fantasia
mais que um horário certo
ou uma cama bem feita

Dêem-lhe amor e ver
dentro das coisas
sonhar com sóis azuis e céus brilhantes
em vez de lhe ensinarem contas de somar
e a descascar batatas

Preparem a minha filha
para a vida
se eu morrer de avião
e ficar despegada do meu corpo
e for átomo livre lá no céu

Testament

I'm about to fly off somewhere
and my fear of heights plus myself
finds me resorting to tranquilizers
and having confused dreams

If I should die
I want my daughter always to remember me
for someone to sing to her even if they can't hold a tune
to offer her pure dreams
rather than a fixed timetable
or a well-made bed

To give her love and the ability
to look inside things
to dream of blue suns and brilliant skies
instead of teaching her how to add up
and how to peel potatoes

To prepare my daughter
for life
if I should die on a plane
and be separated from my body
and become a free-floating atom in the sky

Que se lembre de mim
a minha filha
e mais tarde que diga à sua filha
que eu voei lá no céu
e fui contentamento deslumbrado
ao ver na sua casa as contas de somar erradas
e as batatas no saco esquecidas
e íntegras

Let my daughter
remember me
and later on say to her own daughter
that I flew off into the sky
and was all dazzle and contentment
to see that in her house none of the sums added up
and the potatoes were still in their sack forgotten
entire

Lugares comuns

Entrei em Londres
num café manhoso (não é só entre nós
que há cafés manhosos, os ingleses também
e eles até tiveram mais coisas, agora
é só a Escócia e um pouco da Irlanda e aquelas
ilhotazitas, mas adiante)

Entrei em Londres
num café manhoso, pior ainda que um nosso bar
de praia (isto é só para quem não sabe
fazer uma pequena ideia do que eles por lá têm), era
mesmo muito manhoso,
não é que fosse mal intencionado, era manhoso
na nossa gíria, muito cheio de tapumes e de cozinha
suja. Muito rasca.

Claro que os meus preconceitos todos
de mulher me vieram ao de cima, porque o café
só tinha homens a comer bacon e ovos e tomate
(se fosse em Portugal era sandes de queijo),
mas pensei: Estou em Londres, estou
sozinha, quero lá saber dos homens, os ingleses
até nem se metem como os nossos,
e por aí fora . . .

E lá entrei no café manhoso, de árvore
de plástico ao canto.

Common places

In London I went
into a greasy spoon (it's not only us
who have greasy spoons, the English too
and they once had other things too, now
it's just Scotland and a little bit of Ireland and those
little tiny islands, but anyway)

In London I went
into a greasy spoon, worse even than one of our
beach bars (I say this for those who cannot even
imagine the things they have there), it was
a proper greasy spoon,
not that it was a spoon, of course, but it was greasy
in the sense that it was full of clutter and greasy
food. Really low class.

Of course, all my female prejudices
came to the fore, because the café
was full of men eating eggs and bacon and tomatoes
(in Portugal it would be cheese sandwiches),
but I thought: I'm in London, I'm
alone, what do I care about men, Englishmen
don't bother you the way Portuguese men do,
and so on . . .

I went into the greasy spoon, with a plastic
tree in one corner.

Foi só depois de entrar que vi uma mulher
sentada a ler uma coisa qualquer. E senti-me
mais forte, não sei porquê mas senti-me mais forte.
Era uma tribo de vinte e três homens e ela sozinha e
depois eu

Lá pedi o café, que não era nada mau
para café manhoso como aquele e o homem
que me serviu disse: There you are, love.
Apeteceu-me responder: I'm not your bloody love ou
Go to hell ou qualquer coisa assim, mas depois
pensei: Já lhes está tão entranhado
nas culturas e a intenção não era má e também
vou-me embora daqui a pouco, tenho avião
quero lá saber

E paguei o café, que não era nada mau,
e fiquei um bocado assim a olhar à minha volta
a ver a tribo toda a comer ovos e presunto
e depois vi as horas e pensei que o táxi
estava a chegar e eu tinha que sair.
E quando me ia levantar, a mulher sorriu
como quem diz: That's it

e olhou assim à sua volta para o presunto
e os ovos e os homens todos a comer
e eu senti-me mais forte, não sei porquê,
mas senti-me mais forte

e pensei que afinal não interessa Londres ou nós,
que em toda a parte
as mesmas coisas são

It was only then that I saw a woman
sitting and reading. And I felt
stronger, I don't know why, but I did.
There was a tribe of twenty-three men and her alone
and then me.

I ordered a coffee, which wasn't at all bad
for a greasy spoon like that and the man
who served me said: There you are, love.
I felt like saying: I'm not your bloody love or
Go to hell or something like that, but then
I thought: It's so deep
in their culture and he meant no harm and, besides,
I'll be leaving soon, I have a plane to catch,
what do I care

And I paid for my coffee, which wasn't at all bad,
and I sat for a while looking round
watching the tribe eating their eggs and bacon
and then I saw what time it was and thought the taxi
would be arriving any moment and I had to leave.
And when I got up, the woman smiled
as if she were saying: That's it

and she looked around at the bacon
and the eggs and the men all eating
and I felt stronger, I don't know why,
but I felt stronger

and I thought it doesn't matter if it's London or us,
that everywhere
you find the same

Das sagas e das lendas: pequeníssima fábula do contemporâneo

para Ben

O seu nome era Octavius,
que quer dizer oitavo em descendência,
um nome que serviu muito depois a homem de mil rostos
falar do mais volátil: os humanos ofícios nas marés
que, quando aproveitadas, conduzem
à fortuna

Casou com Agripina, herdou tribuna,
tiveram filhos, terras
que lhe herdaram o nome—
o nome dele, que o nome dela de pouca serventia:
nem rito de passagem

E a linhagem (parecia)
foi clara e sossegada

Astrid veio uns séculos depois, em embarcação esguia
coberta de plumagens e dragões,
desembarcou com Igor e guerreiros,
ali chegados não só para pilhagem
de terras e mulheres, mas para as bem lavrar
(às mulheres e às terras)

E límpida (parecia)
lhes foi progenitura

Of sagas and legends: a very brief fable about
contemporary life

for Ben

His name was Octavius,
which means he was eighth in line of descent,
a name that proved very useful to the man of a thousand faces
when talking about all that's fleeting: the affairs of man and high tides
which, taken at the flood, lead on
to fortune

He married Agrippina, became a tribune,
they had children, lands
that inherited the name—
his name, because hers was of little use:
not even as a rite of passage

And their lineage (it seemed)
was clear and assured

Astrid arrived a few centuries later in a slender vessel
painted with feathers and dragons,
she disembarked with Igor and his warriors,
who came not only to pillage
lands and women, but to work them hard
(both women and lands)

And their provenance
(it seemed) unblemished

Mas por certo algum curto vórtice de luz,
ou deus de natureza, ou deus qualquer,
não fez perfeita a história acontecida,
e ao baralhar os naipes de outra forma
criou pares novos numa arca nova:

a descendência muito ameaçada,
filhos meio alourados, outros sem cor distinta,
nalguns casos sombria, ou alva como a neve
em baixa temperatura

O filho de Igor: baixo,
íris escura

Igor bramando a Thor e a Odin,
ah, os trovões clamados, Astrid sussurrando-lhe
ao ouvido, dizendo-lhe nem sei, não compreendo
como aconteceu, mas ele era tão hábil e gentil,
tinha uns olhos rasgados, falava-me de estrelas,
e o seu perfil, um pouco estonteante,
e tu estavas na guerra—

E um dos filhos de Octavius, seu herdeiro por lei,
com olhos muito azuis

ah os murros fincados sobre a pedra do lar,
Agripina dizendo-lhe nem sei, perdoa, meu amor,
não compreendo como se passou,
mas ele tinha tranças e eram louras,
e chegou devagar, não fez estrondo de trovão nenhum
(como disseste que eles sempre fazem)

But some brief vortex of light,
or god of nature, or god of anything,
made rather a mess of the ensuing events,
and when shuffling the cards another way
created new couples in a new ark:

the lineage under threat,
some children vaguely blonde, others no particular color at all,
sometimes dusky, sometimes whiter than the whitest
snow

Igor's son: short,
dark-eyed

Igor raging at Thor and Odin,
demanding thunderbolts to fall, and Astrid whispering
in his ear, telling him, I don't know, I don't understand
how it happened, but he was so clever and so kind,
he had almond eyes and spoke to me of stars,
and his profile, just stunning really,
and you were away at the war—

And one of Octavius's sons, his legal heir,
with very blue eyes

ah, how he stamped and raged,
Agrippina telling him, oh dear, forgive me, my love,
I don't understand how it happened,
but he had fair plaited hair,
and he arrived very slowly, not accompanied by a thunder clap
(as you told me they always are)

e trazia uma pedra cintilante, dizia ser o deus
que o protegia e que o acompanhava,
e tu estavas na guerra—

E assim por aí fora,
assim deve ter sido, assim foi,
de certeza mais segura

Célticos imigrantes, índios, africanos, alguns árabes
fugidos sorrateiros do fim do continente,
mas que a lenda parece ter esquecido dos efeitos futuros,
e quanto a isso tentou ser
obscura

E godos, visigodos, pictos, germanos, hunos,
alguns casando por amor e terras, outros por terras
e talvez amor, outros porque ordenados
pela ordem das terras e dos usos,
mas na verdade amando o vizinho do lado
em vez da doce esposa, alguma esposa
ansiando das ameias a aia cumpridora e desejante—

mas todos dando filhos, pretexto para saga,
mais tarde literatura

E sempre eles em guerra—

Ah como sabe bem,
como é reconfortante
pensar que nesta circular e comum terra
há os limpos e puros!

and he brought with him a glittering stone, which he said was the god
who protected and accompanied him,
and you were away at the war—

And so on and so forth,
that's how it must have been, and
with the most certain of certainties
it was

Immigrant Celts, Africans, a few Arabs
sneaking away from the farthest edge of the continent,
but the legend appears not to have thought of the consequences,
and, indeed, did its best to be
obscure

And Goths and Visigoths, Picts, Germans and Huns,
some marrying for love and land, others for land
and possibly love, others because ordered to do so
according to the dictates of the land and its uses,
but actually in love with the farmer next door
rather than their gentle wife, the occasional wife
on the ramparts yearning for the hard-working, loving nursemaid—

but all producing children, a pretext for the saga,
and, later on, literature

And the men still away at the war—

Ah, how sweet it is,
how very comforting
to think that on our shared and circular earth
there are still those who are clean and pure!

Em Creta, com o dinossauro

Nunca lá estive,
mas gostava.

Também de me sentar a mesa de café
descontraída (mesa e eu)
e ter à minha frente
o dinossauro.

Pata traçada sobre a rocha,
aquela onde Teseu
não descobrira entrada de caverna.

Conversaríamos os dois, eu
na cadeira, ele
altamente herbívoro e escamoso,
olho macio e muito social.

Depois, o fio!

Que Ariadne traria, pouco solene
e debaixo do braço.
Um fio de seda ou prumo ou aço.
E o dinossauro,
de pouco habituado (ainda assim)
a um tempo tão nosso,
perguntaria para que era aquilo.

In Crete, with the dinosaur

I've never actually been there,
but I'd like to.

And sit at a café table
very laid back (the table and me)
and to see there before me
the dinosaur.

Cross-legged on the rock,
the one where Theseus
failed to find a way into the cave.

We would sit and chat, me
on my chair, he
highly herbivorous and scaly,
mild-eyed and very sociable.

Then the thread!

Which Ariadne would bring, unceremoniously
tucked under her arm.
A thread of silk or lead or steel.
And the dinosaur,
unaccustomed (yes, still)
to an age like ours,
would ask what it was for.

"Para guiar Teseu", era
a resposta de Ariadne. E depois,
piscando o olho, ainda mais macio
que o do monstro escamado,
"Ou para o confundir"

> *Convirá referir neste momento*
> *que Teseu: entretido no palácio*
> *a estudar labirintos com o rei,*
> *ignorante de tudo.*

Na rocha, cheia de algas macias
de veludo,
abriria o dinossauro em gesto largo
as patas dianteiras, aprovando
a ideia.

Estávamos bem, os três,
beberricando calmos o café
servido por meteco—bem cheiroso.
Enquanto no palácio, o labirinto inchava
e Teseu, ansioso por agradar ao Rei,
queimava, de frenético, nobres pestanas
gregas.

No ar minóico, rescendia
o perfume a laranjas,
e, entre vários cafés e golos de retsina,
o dinossauro mastigava calmo
quatro quilos (à vez) de
ameixas secas e doces
tangerinas,

"To guide Theseus," was
Ariadne's response. And then,
winking one eye, an even milder eye
than that of the scaly monster,
"Or else to confuse him"

> *I should point out*
> *that Theseus has been delayed at the palace,*
> *studying labyrinths with the king,*
> *unaware of all this.*

On the rock, covered in velvet-soft
algae,
the dinosaur would fling wide
his two front legs to show
his approval.

We were enjoying ourselves, the three of us,
calmly sipping our coffee,
served by a fragrant Metic of course.
At the palace, the labyrinth was growing
and Theseus, eager to please the King,
was frenetically burning
the midnight oil
and his noble Greek eyelashes.

The Minoan air was rich
with the scent of oranges,
and, after various coffees and gulps of retsina,
the dinosaur was calmly munching his way through
four kilos (at a time) of
prunes and sweet
tangerines,

narrando a nobre paz
que se seguira ao caos:
não sabia se estrelas em cósmica viagem
de chuva de brilhantes,
se glaciar medonho
reconcertando o ritmo da Terra,
se só o seu tamanho—imenso
e desumano—
a dar lugar ao mito.

Em labirinto
de muitos milhões de anos,
tinha chegado ali. Sem saber como.
"E como o fio que eu trago
aqui, para Teseu", Ariadne
diria, "O de aço, seda, ou prumo,
que conduz ou confunde, conforme
ocasião."

    —*A traição!*

Derivaria Ariadne, então,
falando de Teseu: da traição que,
julgava ela,
o levaria a abandoná-la em Naxos
e do compasso incerto do que fora
anterior à traição.

describing the noble peace
that followed the chaos:
although he didn't know
whether it was stars on a cosmic voyage
of diamond-bright rain,
or some dread glacier
readjusting the rhythm of the Earth,
or just his size—immense
and inhuman—
that created the myth.

He had arrived there
in a labyrinth
many millions of years old.
With no idea how.
"Like this thread," Ariadne
would say, "The one made of steel, silk or lead,
that guides or confuses, depending
on the situation."

    —Treachery!

Ariadne would then go off on a tangent,
speaking of Theseus: of the treachery that would,
she thought,
lead him to abandon her in Naxos
and of the uncertain pace of what happened
before the treachery.

Poseidon pelas águas reluzia,
o destino de Minos e de Cnossos
ainda por marcar;
só o monstro sabia como deuses e homens:
comuns a odiar.

Sabia, mas calava. Que silêncio:
a virtude maior
de sáurio que se preza.
E a conversa seria tão calma, tão amena,
que esquecia Ariadne derivações
de mito,
juntando-se à retsina.

"Um brinde", proporia o dinossauro,
em gesto social.
"Um brinde", repetiríamos nós (princesa
e eu).

E o fio de renda fina voaria
qual pássaro pré-histórico,
até ao mar Egeu.

Pata a tapar a boca de franjas
inocentes,
palitaria então o Dinossauro os dentes ...

> (*E do palácio já saiu Teseu.*
> *Mapa e espada na mão.*
> *Mas sem o fio.*)

Poseidon glittered on the waters,
the fate of Minos and Knossos
as yet undecided;
only the monster knew how gods and men
love to hate.

He knew, but said nothing, knowing that silence
is the greatest virtue
of any self-respecting saurian.
And the talk would be so calm, so pleasant,
that Ariadne would forget all about
tangents,
and join us in a glass of retsina.

"A toast," the dinosaur would say
in friendly fashion.
"A toast," we would reply (the princess
and I).

And the fine lace thread would fly off
like some prehistoric bird,
to the Aegean Sea.

With one fringed paw innocently
covering his mouth,
the Dinosaur would pick his teeth . . .

> *(Theseus had already left the palace,*
> *map and sword in hand—*
> *but no guiding thread.)*

Pequeníssima revisitação a desejar-se

Enquanto o peixe grelha, descuidado:
o aroma dourado do incenso a romper
pela cozinha

Vem da mesa na sala, onde,
igual a vulcão, um cone colorido
sustenta a haste fina do incenso

E eu fazendo de mago,
de Menina, de Mãe e de pastor,
tudo em mesma figura
no fervor da cozinha

Em fogo lento, cumpre-se a Palavra
e uma batata só
(falta-me a mirra e o ouro)

Mas vede como, esquivo,
o peixe se queimou,
e o verso em combustão
ficou desfeito!

Ah saber acender um cenário perfeito:
além de incenso, a outra especiaria,
algum tesouro, a erupção dourada,

A very small failed revisitation

While the fish is idly grilling:
the golden aroma of incense bursts
into the kitchen

It comes from the living-room table, where,
volcano-like, a colored cone
supports the slender stick of incense

And there's me pretending to be Magus,
Child, Mother and shepherd
all in one
in the furious heat of the kitchen

Over a low flame, the Word is made flesh
and a single potato
(I have no myrrh, no gold)

But lo! the disdainful fish
has burned,
and the poem gone up in flames,
destroyed!

Ah, could I but create the perfect scenario:
instead of incense, another spice,
a treasure, a golden eruption,

o preclaro milagre
de um novo peixe,
aqui

E não este puré
sem cântico nem luzes nem noites estreladas:
matéria em que a batata, esquecida,
se tornou

the brilliant miracle
of a new fish,
here

And not this puree
with no carols no lights no starry nights:
the matter into which the forgotten potato
has been transformed

A tragédia dos fados (ou dos factos)

Ah! destino frio de te falar
numa língua estranha, outra
que não a minha

Até as músicas que me dizem de ti
não podem ser na minha língua, que não faz sentido,
não me comovo se ouço chorar de amor na minha
língua, por saber que tu não podes
comover-te

E só por o saber não me comovo

Ah! destino frio de te lembrar
numa língua diferente, outra que não a minha,
revoltar-me por não ser enorme patriota
amar só momentos e pessoas iguais,

contribuir para o espaço
da minha língua, gastando livros, músicas, versos:
comovidos, um nacional produto (e eu?)
a comover-se

Fatal (or factual) tragedies

Ah! the cold fate of having to speak to you
in a foreign tongue, a tongue
not mine

Even the songs that speak to me of you
cannot be in my tongue, senseless as it is,
yes, even hearing someone weep for love in my own
tongue leaves me unmoved, knowing you will not be
moved

And simply knowing this leaves me unmoved

Ah! the cold fate of having to remember you
in a different tongue, a tongue not mine,
outraged at my own lack of patriotism
unable to love only times and people like myself

and to contribute to the world
of my native tongue, investing in books, songs, poems,
a national product (myself included?)
both moved and moving

Título por haver

No meu poema ficaste
de pernas para
o ar
(mas também eu
já estive tantas vezes)

Por entre versos vejo-te as mãos
no chão
do meu poema
e os pés tocando o título
(a haver quando eu
quiser)

Enquanto o meu desejo assim serás:
incómodo estatuto:
preciso de escrever-te
do avesso
para te amar
em excesso

Title to be decided

In my poem you were
all topsy-
turvy
(but then I've often
been the same)

I can see you between the lines
performing a handstand
on the floor of my poem
your feet touching the title
(to be decided when I
so choose)

You'll stay there as long as I wish:
in that awkward position:
I need to write you
upside down
to offer you my love
unbounded

Pequeno épico (em cinco andamentos)

I

São sete da manhã
e o meu desejo oscila:
voltar por meia hora para a cama
ou sentar-me com o sol
cheirando a verão

II

A esta hora já aquele avião
sobe por nuvens,
mas o seu sol não cheira
ainda que mais perto

III

Entrei no quarto:
o tempo ali parado,
e o escuro morno seduz
há meia hora

Minor epic (in five movements)

I

It's seven in the morning
and I swing between two desires:
go back to bed for half an hour
or sit here with this sun
that smells of summer

II

Right now, that plane
will be high above the clouds
but up there the sun has no smell
even though it's so much nearer

III

I went into the bedroom:
where time has stopped,
the same warm, seductive darkness
of half an hour ago

IV

Fiz um pequeno almoço
em tempo antigo: compotas,
e manteiga e etc
o resto

como inserido e claro
pormenor de um paninho bordado,
um cinzeiro lavado, o sol
lavado e o verão pela janela

V

São sete da manhã
e qualquer coisa
e o meu desejo pêndulo
foi bater no sol

IV

I made myself breakfast
the old-fashioned way: jams
and butter etc
and all the rest

like a bright additional
detail on an embroidered cloth,
freshly washed ashtray, freshly washed sun
and summer pouring in through the window

V

It's seven in the morning
give or take
and my pendulum desire
has swung towards the sun

Moiras, ou musas: confusa invocação fal(h)ada

E são agora três e vinte da
madrugada e eu continuo à espera
que ela abandone a agulha enferrujada
e venha ter comigo—órfica fera.

Mas ela não me chega. Nem sequer
com avanço de sol, ou atrasada.
E eu demoro-me aqui a escurecer
às três e trinta e dois da madrugada.

Embora, contas feitas, demorei
dez minutos por estrofe, mais ou menos.
(É claro que convém, como sabeis,
não acreditar muito nos poemas).

Essa desrima foi propositada,
a ver se a desafio, se se comove,
se larga aquela agulha malfadada,
se destece o destino e me devolve

tipo de vida em ritmo indefeso
com um sono saudável e precoce,
e eu deixe de fumar (sem ganhar peso)
e deite ao lixo emoção agridoce.

Fates, or muses (a confused (m)uttered invocation)

It is now twenty past three
in the morning and still I am waiting
for her to set down her rusty spindle
and come to me—wild Orphic beast.

But she doesn't arrive. Neither
early, nor late. No sign of her.
And I linger here, growing darker,
At three thirty-two in the morning.

Although, all told, I only took
ten minutes per stanza, more or less.
(It's best, as you know, not to put
too much faith in verse.)

That bad rhyme was deliberate,
to see if I could provoke her, move her,
make her put down that wretched spindle,
unweave fate and restore to me

a life that keeps perfect time,
with me early to bed, sleeping soundly,
stopping smoking (without putting on weight)
and discarding all bittersweet emotions.

E finalmente dela receber
arabesco onde o verso não tropeça.
E talvez desse sopro possa haver
um brilhante papel onde apareça,

como se fosse em passo de magia,
não marca de água, mas marca de lume:
a sua face acesa, muito esguia,
muito de musa a provocar ciúme.

Que é ciúme o que eu sinto, reconheço!
Do seu fuso afiado, e eu afinal:
só lápis rombo, curto entendimento
da minha escassa condição mortal.

Mas nem fuso, nem sopro, nem sequer
um avanço de noite requentada.
E eu permaneço aqui a amanhecer,
com dores de costas, folha extenuada.

Desisto, pois da musa (ou moira, ou fera),
e vou mesmo dormir, aproveitar
as poucas horas antes de acordar —
e a ver ali sentada. A rir-se. À espera —

And finally receiving from her
an arabesque in which the line doesn't stumble.
Perhaps that breath of inspiration might bring
a resplendent piece of paper on which appears,

as if by some magic trick
not a watermark, but a lightmark:
her face aflame, very tall and slender,
very much the muse arousing jealousy.

Because, I confess, I do feel jealous
of her sharp spindle, when all I have
is a blunt pencil and scant understanding
of my frail mortal condition.

But there's no spindle, no inspiration,
in this hot, advanceless night.
And I sit here, slowly dawning,
my back aching, a crumpled scrap of paper.

I'm giving up on the muse (or fate or beast),
and I'm going to sleep and make the most
of the few hours left until it's time to wake up—
and see her sitting there. Laughing. Waiting—

Dito de outra maneira

Nesta tarde em que o sol
insiste em vão imaginar-se sol,
como as letras a negro que componho agora
são cada vez mais pálidas,
a tinta da caneta   a esboroar-se

Dito de outra maneira:
nesta tarde sem sol   e letra leve,
habita-me a suspeita:
porque não me comoves como dantes?

Como esta pomba:
egípcia caminhante, e a mesa de café
quase defronte,

e de repente levantando voo,
nunca tão alto como são as nuvens,
mas tão distante já
do meu olhar

Se conseguisses como outrora
trazer-me essa emoção
possivelmente lenta, mas segura,
e eu sabendo   sentindo
que iria comover-me
ao som da tua voz

In other words

On this afternoon when the sun
vainly insists on imagining itself to be a sun,
the dark letters I am writing
grow ever paler,
the ink in my pen   turning to dust

In other words:
on this afternoon of no sun   and faint letters,
a suspicion takes hold of me:
why do you no longer move me as you used to?

Like that dove:
a walking hieroglyph, and the coffee table
almost opposite,

and suddenly taking flight,
never reaching as high as the clouds,
but already far beyond
my gaze

If you could, as you used to,
bring me back that emotion
slowly maybe, but surely,
and I knew   and could sense
that I would be moved
by the sound of your voice

Dito de outra maneira:
se a emoção voltasse, embora antiga,
trocaria caneta
por grafite (muito provavelmente):
e o sol seria um verdadeiro sol,
eterno reticente
ao meu olhar

E eu não estaria aqui,
em imperfeita forma e modo neutro   quase,
a ver se a noite vem
e o sono me distrai
deste poema:

In other words:
if that emotion, however old, could return,
I would (very likely) exchange my pen
for a pencil
and the sun would be a real sun,
eternally reticent
to my gaze

And I would not be here,
in imperfect, almost   neutral mode,
waiting to see if the night will come
and sleep distract me
from this poem:

De Lisboa: uma canção inacabada, com revisitação e
Tejo ao fundo

Não será irreal, nem terá,
como a outra, um tamisa a banhá-la,
mas o seu rio, de estuário tão largo como
o céu, é muito belo

É, por vezes, de muito mais pungente nitidez
do que aquela que encosta a sua pele
às margens
de outros rios (o que inspirou em ninfas
o poeta inglês, ou em louras
guerreiras o músico alemão)

Por aqui, desde fermoso a criador de tal
desejo ardente,
de tudo lhe chamaram.
E a cidade que, em momento ignorante de proteica
explosão, lhe herdou a água,
a lenda, as caravelas,
dele herdou outras coisas:

desejos de voar milhares de rimas,
de gentes tão diversas e de noites imensas,
de uma lua tão grande e desviada
da sua rota amena

Of Lisbon: an unfinished song revisited, with the Tejo in the background

It may not be unreal, nor are its shores,
like that other city, bathed by the Thames,
but its own river, the estuary as ample as
the sky, is beautiful

Sometimes, it's far more poignantly clear
than those rivers that rub their backs
along the banks
of other rivers (the one that filled the English poet's mind
with nymphs or the German composer's thoughts
with blonde valkyries)

Here, it has been called everything,
from most beauteous to arouser
of burning desire.
And the city, ignorant of a protean
explosion, inherited from it the water,
the legend, the caravels,
inherited other things too:

desires to unleash a thousand rhymes,
a motley multitude of people and vast nights,
a huge moon diverted
from its accustomed gentle course

Nem Jerusalém cega por um homem
que, no rasgar do século,
dela falou, como falou de Londres, de Viena,
de Alexandria ou outras,

ah, doce, corre agora, till I end my song
till I end my song, my song, my
song

Era o verso de Spenser que agora aqui
cabia, original,
numa cidade que nem de irreal,
mas de um azul tão grande, de fachadas
tão renda nas janelas, e de uma mágoa
tão revisitada,
que aquela dos jacintos haveria
de se reconhecer: You,
hypocrite lecteur, mon semblable, mon frère

E o resto: uma canção
inacabada—

Not even Jerusalem blinded by a man
who, at the turning of the century,
spoke of it, as he did of London, Vienna,
Alexandria or others,

ah, run softly now till I end my song
till I end my song, my song, my
song

This is the line from Spenser, his
real line,
that would best fit here, in a city anything but unreal,
city of vast blue skies, facades
embroidered with balconies and tiles, and a sorrow
so often revisited,
that the hyacinth girl would be sure
to recognize herself: You,
hypocrite lecteur, mon semblable, mon frère

The rest: a song
unfinished—

Carta a Lídia sobre a poesia que se achou perdida

Disse-te ontem à noite
que a perdi

E não se estava à beira-rio,
nem eu te convidei a sentares-te comigo:

era num restaurante,
havia muita gente
e algum rasto finíssimo de frio

Tu disseste-me 'escuta',
querendo dizer-me 'sente'

Hoje tentei de novo ouvir
tão hesitante como deve ser
os assuntos escuros do teatro
onde moramos todos

mas onde tantos,
nem sequer por instantes,
recebem foco ínfimo de luz

E o rio tornou-se nada, Lídia,
pois ela veio: indócil, mergulhante,
tímida de criança
a puxar-me insistente pela dobra da blusa
obra mais quente do que o meu café

Letter to Lídia about the poetry that was lost and found

I told you last night
that it was lost

We were nowhere near a river
and I hadn't invited you to sit by my side:

we were in a restaurant,
with lots of other people
and the faintest hint of a chill in the air

You said "listen,"
but "feel" was what you meant

Today, I tried again to listen,
hesitantly as one should,
to the dark matters of the theatre
in which we all live

but where so few,
even for a moment,
enjoy the briefest moment in the spotlight

And the river vanished, Lídia,
because then the poem came: rebellious, elusive,
childishly shy
tugging insistently at my sleeve
hotter and more urgent than my cup of coffee

Em confidência, escuta:
o que te disse ontem à noite, vejo agora,
era um pouco mentira,
uma provocação a ver se ela me achava,
um exorcismo quase

Obrigada por me lembrares, amiga,
que não é sossegadamente
que a vida passa—

In confidence now, listen:
I see that what I told you last night
was a white lie,
a challenge to the poem to find me,
almost an exorcism

Thank you for reminding me, my friend,
that life does not pass
quietly—

Comuns formas ovais e de alforria:
ou outra (quase) carta a minha filha

Foi de repente,
eu semi-reflectida por janela oval:
uma emoção que me lembrou o dia
em que disseste inteiro o nome do lugar onde vivíamos
sem lhe trocar as letras de lugar

No céu visto daqui,
desta janela oval e curta de avião,
mais de vinte anos foram
por sobre a linha azul daqueles montes
e esse recorte puro
dos verbos conjugados no presente errado,
mas as palavras certas

Ainda hoje,
não me é fácil falar-te em impiedade,
ou nisso a que chamamos mal,
e que existe, e emerge tantas vezes
da idiotia mais rasa e primitiva

Dizer-te unicamente destas coisas
neste poema a ti
seria como assaltar a própria casa,
queimar móveis e livros,
matar os animais que como nós a habitam,

About simply oval shapes and letters of manumission:
or another (almost) letter to my daughter

It happened suddenly,
me half-reflected in an oval window:
an emotion that reminded me of the day
when you first said the name of the place where we lived
without misplacing the letters

In the sky seen from here,
from this small oval airplane window,
more than twenty years have flown past
over the blue line of those hills
and the clear-cut outline
of verbs conjugated in the present imperfect,
perfectly worded

Even today,
I find it hard to talk to you of cruelty,
or of what we call evil,
and which exists and so often emerges
out of the basest, most basic idiocy

To speak to you solely of such things
in this poem for you
would be like burgling our own house,
burning furniture and books,
killing the animals who live with us there,

estuprar a calma que por vezes se instala
na varanda

Deixo-te só
a desordem maior do coração
sentida há pouco dessa janela oval,
os momentos raríssimos,
como só os milagres se diz terem,
e que às vezes cintilam:

cósmicas cartas de alforria que nos podemos dar,
nós, humanos aqui:

Só isto eu desejava para ti
e nesta quase carta—

violating the peace that sometimes fills
the balcony

I leave you only
my heart's great tumult
felt just now at this oval window,
one of those rarest of rare moments,
which, it's said, occur only in miracles,
and which still sometimes glitter forth:

cosmic letters of manumission that we have the power to bestow,
we humans here:

That is all I would wish for you
in this almost-letter—

Acidentes de guerra

Sacudo grão levíssimo
de cima do papel

Não sei se pó,
se uma pequena cinza
que assim se insinuou
neste caderno

Antes na prateleira,
preso a outros cadernos, outros livros,
esquecido do olhar
e das pequenas emoções
de dentro

É livre agora,
e o grão que projectei no ar
entre polegar e dedo médio em riste:
lança-chama de fluidos inflamáveis

com passado a assaltar,
sem defesa possível de vencer,
nem acertado alvo
que resista

Casualties of war

I shake a tiny speck
from this sheet of paper

I don't know if it's dust,
or a little flake of ash
that has insinuated itself
into this notebook

It was on the shelf before,
caught between other notebooks, other books,
out of sight
and out of reach of small inner
emotions

It's free now,
and the speck I flicked into the air
between thumb and half-cocked middle finger:
a flamethrower of inflammable fluids

with a past waiting to attack,
no potential defense to overcome,
no definite target
to aim at

O drama em gente: a outra fala

O lume que as rodeia,
a estas vozes,
não foi feito de sol, embora dele
herdasse um rasto de paisagem,
nem se moldou em luz,
que a noite lhe foi sempre o estado puro

O lume que as sustenta,
a estas vozes,
é mais de dentro, e eu não o sei dizer

Pressinto-o só,
e há fases, como em lua, em que o sinto a chegar:
ondas de mim, tempo herdado em camadas
de espessuras diferentes

Mas sempre deste tempo
é o lume que as prende, a estas vozes,
e ao prendê-las as solta
sobre o tempo —

Dramatis personae: enter another voice

The fire that surrounds
those voices
was not made of sun, although the sun
may have lent it something of its landscape,
nor was it molded in light,
because night was always its purest state

The fire that sustains
those voices
comes more from within, and I have no words for that fire

I merely sense its presence,
and there are moonlike phases when I feel it approach:
those inner waves, time bequeathed in layers
of varying thicknesses

But it belongs always to this time,
the fire that binds those voices,
and in binding releases them
into time—

O excesso mais perfeito

Queria um poema de respiração tensa
e sem pudor.
Com a elegância redonda das mulheres barrocas
e o avesso todo do arbusto esguio.
Um poema que Rubens invejasse, ao ver,
lá do fundo de três séculos,
o seu corpo magnífico deitado sobre um divã,
e reclinados os braços nus,
só com pulseiras tão (mas tão) preciosas,
e um anjinho de cima,
no seu pequeno nicho feito nuvem,
a resguardá-lo, doce.
Um tal poema queria.

Muito mais tudo que as gregas dignidades
de equilíbrio.
Um poema feito de excessos e dourados,
e todavia muito belo na sua pujança obscura
e mística.
Ah, como eu queria um poema diferente
da pureza do granito, e da pureza do branco,
e da transparência das coisas transparentes.
Um poema exultando na angústia,
um largo rododendro cor de sangue.
Uma alameda inteira de rododendros por onde o vento,
ao passar, parasse deslumbrado
e em desvelo. E ali ficasse, aprisionado ao cântico

The most perfect excess

I wanted a tensely breathing,
immodest poem
with all the curvaceous elegance of baroque women
and with, on its reverse side, a slender plant.
A poem Rubens would have envied, on seeing it
across the gulf of three centuries,
its magnificent body reclining on a divan,
bare arms lying loose by its sides,
naked but for some gorgeous (really gorgeous) bracelets,
and a cupid up above,
in his little cloud-niche,
quietly keeping watch.
That is the poem I wanted.

Something that went beyond the Greek ideals
of equilibrium.
A poem made of excess and gold,
and yet very beautiful in its obscure,
mystical power.
Yes, I wanted a poem quite different
from the purity of granite, the purity of white,
the transparency of things transparent.
A poem reveling in anxiety,
a vast rhododendron the color of blood.
A whole avenue of rhododendrons where the wind
as it passed, would stop, amazed,
dumbstruck. And there it would stay, imprisoned by the canticle

das suas pulseiras tão (mas tão)
preciosas.

Nu, de redondas formas, um tal poema queria.
Uma contra-reforma do silêncio.

Música, música, música a preencher-lhe o corpo
e o cabelo entrançado de flores e de serpentes,
e uma fonte de espanto polifónico
a escorrer-lhe dos dedos.
Reclinado em divã forrado de veludo,
a sua nudez redonda e plena
faria grifos e sereias empalidecer.
E aos pobres templos, de linhas tão contidas e tão puras,
tremer de medo só da fulguração
do seu olhar. Dourado.

Música, música, música e a explosão da cor.
Espreitando lá do fundo de três séculos,
um Murillo calado, ao ver que simples eram os seus anjos
junto dos anjos nus deste poema,
cantando em conjunção com outros
astros louros
salmodias de amor e de perfeito excesso.

Gôngora empalidece, como os grifos,
agora que o contempla.
Esta contra-reforma do silêncio.
A sua mão erguida rumo ao céu, carregada
de nada

of those gorgeous (really gorgeous)
bracelets.

Naked and curvaceous, that was the poem I wanted.
A counterreformation of silence.

Music, music, music filling its whole body
its hair entwined with flowers and serpents,
a fountain of polyphonic amazement
flowing from its fingertips.
Reclining on a velvet-upholstered divan,
its plump, curvaceous nakedness
would make griffins and sirens grow pale.
And make mere temples, so contained and pure and upright,
tremble with fear at one fiery
golden glance.

Music, music, music and an explosion of color.
Peering across three centuries,
a silent Murillo comparing his simple angels
with the naked angels of my poem,
which sang, along with other
fair-haired stars,
psalms of love and perfect excess.

Góngora turns as pale as the griffins
on contemplating this poem.
This counterreformation of silence.
Its hand reaching up to the sky, grasping
nothing

PEOPLINGS

Povoamentos

Podem ser povoadas, as cebolas,
a sua forma: quase forma de astro,
redonda, mas mais pura,
porque sem centro assente

Mas também de possível epicentro:
destruição das gentes que as habitam,
vozes distantes capazes de falar,
embora mudas

Como as dos rostos destas fotografias
que aqui vejo, à minha cabeceira:
vidas sobre camadas de outras vidas,
e as emoções voltando
em sedimentos vários, lágrimas
verdadeiras

Ou pode ser um espaço desolado,
o da cebola,
uma terra queimada e de cheiro tão menos
do que se mergulhada no azeite
e depois reciclada:

planeta
onde algum dia, furtiva,
existiu
água

Peoplings

They could be peopled, onions, I mean,
given their almost-planet shape,
round, but much purer somehow,
because they have no settled center

But also a possible epicenter:
the destruction of its inhabitants,
distant voices capable of speech,
albeit silent

Like those of the faces in these photos
here on my bedside table:
layer upon layer of lives and more lives,
and feelings surfacing
in various sediments, genuine
tears

Or it could be a desolate space,
the onion, I mean,
a scorched land smelling far less strongly
than when immersed in oil
and then recycled:

a planet
where, furtively,
there once existed
water

O astrágalo: impressões

A impressão digital de uma estrela
é mais que um fio de luz:
fala de um cálcio igual
ao que irá preservar a memória do astrágalo,
esse pequeno osso com nome de universo,
vizinho ao calcanhar

Comum ele também a espécies várias,
a nossa, ou a de pássaro ou sapo,
que em terra e água imprimem os seus passos,
um lentíssimo voo pelo espaço
a ser sonhado—nosso

Como a estrela que morre, agonizante,
e é somente uma outra dimensão da dor,
ângulo outro em perda,
ignorante ela mesma do profundo dever
de que outra estrela nasça:
responsabilidade sem contrato, acordo tácito
do fogo transportado

Tal como o sapo, o pássaro,
óvulo, ovo, ou larva, lançado ao rio
num cesto de matéria, o vime feito trança,
se pressente imortal,
quando criança

The astragalus: traces

The fingerprint of a star
is more than a thread of light:
it speaks of the same calcium
as the one that lingers in the memory of the astragalus,
that small bone with an almost galactic name,
neighbor to the heel

Common to various other species too,
ours, or that of birds or frogs,
who leave their footprints on land and water,
the slowest flight through space
you could dream of—our own

Like the dying star in its death throes,
merely another dimension of pain,
another form of free fall,
ignorant of its own profound duty
to let another star be born:
responsibility with no contract, a tacit agreement
to pass on their fire

Just as the frog, the bird,
ovule, egg, or larva, thrown into the river
in a basket woven out of wicker,
all sense their immortality
even when young

Mas a espreitá-lo o ponto frágil da fractura igual:
desabrigado astrágalo
à mercê do futuro feito flecha,
deixando no deserto, e digital, nova impressão,
grão de cálcio e de mundo, ali suspenso

Além do fio de luz que nos condena,
enquanto nos transporta além do tempo
para outras guerras, outra paz

quem sabe

Yet, haunting them, that same Achilles heel:
poor helpless astragalus
at the mercy of that future-*cum*-arrow,
leaving in the desert a trace, a new fingerprint,
a grain of calcium, a grain of world, hanging there

Beyond the thread of light that condemns us,
while transporting us beyond time
to other wars, another peace

who knows

Hecatombes

Foi hoje o salvamento,
passava das dez horas da manhã,
havia este jardim, era uma árvore protegendo o sol
e o chão onde caiu

Por público da queda:
uma criança e eu:

e uma ordem qualquer neste universo
onde galáxias morrem, meteoros se lançam
no vazio, se desmoronam torres,
e a vida: igual à noite,
tantas vezes

Hoje, passava das dez horas da manhã,
uma criança entrelaçou um ninho
em cinco dedos,
e devolveu ao voo o som
de campainhas

Um pássaro foi salvo,
um filamento humano e provisório
atravessou o escuro

Hecatombs

A life was saved today,
just after ten o'clock in the morning,
there was this park, a tree sheltering the sun
and the ground on which it fell

As witnesses to the fall:
a child and me:

and some sort of order in this universe
where galaxies die, meteors hurl themselves
into the void, towers collapse,
and lives: just as, so often,
the night does too

Today, just after ten o'clock in the morning,
a child cradled a nest
in her five fingers,
and restored to flight the sound
of bells

A bird was saved,
a filament, human and tentative,
traversed the dark

e talvez o relógio tenha parado
um pouco
no pulso de quem seja,
e talvez o pulsar se ofereça ao sol
e se torne farol
talvez—

and perhaps the watch may have stopped
briefly
on someone-or-other's wrist,
and perhaps the pulsar star will offer itself up to the sun
and become a lighthouse
perhaps—

Ondas gravitacionais: teorias

E vejo-me parada,
sentada a esta mesa,
que porventura já se repetiu

É luz que se demora,
ou é o nosso olhar que a configura?

Os anos traduzidos
nesta língua nossa, os milhões de anos-luz
transformados em ondas que devoram
o espaço, o fazem abater-se
e elevar-se?

É raro o que se viu
e caro aos nossos olhos
este acerto,
mais desacerto largo
e de mistério

Uma harmonia? Deus?
Ou o amor em diverso formato:

Do tempo: outro hemisfério?

Gravitational waves: theories

And I see myself sitting still
at this table,
which has perhaps been here before

Is it the light that's late, or our
configuring gaze?

And the years translated
into our language, the millions of light-years
made space-devouring
waves, do they cause space to collapse
or to soar?

It's an odd sight
and dear to our eyes
this great
mysterious
certain uncertainty

Is it harmony? Or God?
Or love in another format:

Or another hemisphere of time?

Ondas gravitacionais: registos

Explodiram pelo espaço em rota para lá
da imaginação. Não se sabe de Deus
neste processo de fenda de universos

E as palavras hesitam-se,
paradas.

Não se ouviu nada, nada foi visto
claramente visto, mas é o que se chama
nesta língua de nós, criada e aprendida
em formato de azul: registo.

Gravitational waves: traces

They exploded into space en route to beyond
the imagination. No sign of God
in the way universes split apart

And words hesitate,
halt.

　　Nothing was heard, nothing was seen,
not clearly at least, but it's what we call
in our language, one created and learned
on a blue planet: a trace

Abalos culturais e comoções

A ostra que comi estava estragada,
a rima em falha, tosca na escansão.
Inaugurei-me assim, nesta manhã,
o tema tropical, o registo europeu.

Quando a música entrou na praça toda,
corrompendo a batida irregular,
um abacate belo a passear-
-se a meu lado e em mão balanceada.

As palavras em cacho florescente,
esse jovem bebendo água de coco,
e o descompasso de uma chuva morna,
ameaçando a curva do meu verso.

Mudei de mesa, mas atrás de mim
manchas solares feitas de cor e ar
tombaram no caderno, e uma palmeira
desprotectora à chuva e ao furor.

Resisto mentalmente, e volto à ostra,
que devia estar falha de vigor,
mas teria talvez pequena pérola,
que eu, infeliz, não consegui supor.

Cultural shocks and upheavals

The oyster I ate had gone off,
no rhyme at all and clumsy scansion.
This is how I began the morning,
a tropical theme in a European register.

When the music filled the whole square,
ruining the irregular beat,
a handsome avocado strolling
by my side, balanced on a hand.

A bunch of words affluent and flourishing,
that young man drinking coconut water,
and the offbeat of a warm rain,
threatening the curve of my verse.

I changed tables, but behind me
sunspots made of color and air
fell onto my notebook, and a palm tree
failed to protect me from rain and storm.

Mentally, I resist, and return to the oyster,
which while it may lack vigor,
might well contain a lovely pearl,
which I, poor thing, failed to imagine.

Achei-lhe só o efeito nefasto,
enjoo de poema e de sintoma
durado uma semana, e colateral

. . . .

E agora, o quê? de que posso eu falar,
se a fala inadequada se distende,
e a ostra lá ficou, abandonada
em pulsação de velho continente?

Resta somente, e regressada a casa,
poster colado na porta deste quarto,
e é Marilyn Monroe, o seu sorriso,
essa pérola-em-carne-anos-60,

quem cobre, feito concha de papel,
a linha onde me perco e me sustento,
para fechar, enternecidamente,
ostra, poema e o mundo. Certamente

deixado por esculpir. Mas povoado.

I saw only its harmful effects,
poem-sickness, a week of symptoms,
not to mention collateral damage

. . . .

And now what? What can I talk about,
if only inappropriate words appear,
and the oyster is still there, abandoned
beating to the pulse of an old continent?

All that remains, once home again,
is the poster on the door of this room,
Marilyn Monroe, her smile,
that 1960s-pearl-made-flesh,

who, once turned into a paper shell,
covers the line where I lose myself
and linger, to close, tenderly,
oyster, poem, and world. Definitively

left unsculpted. And yet peopled.

A chaminé acesa

Queria um telhado breve
a proteger a sério

Como se ele fosse eu
dizendo por poema que há galáxias,
alguns nítidos cânticos de luz

Hoje, não tenho sol

Hoje, as pedras são pedras
e as ruas são ruas
sem máscaras nenhumas.
E mesmo as marcas nuas dos pneus
sugerem nada

Um telhado de ardósia,
moldado a barro quente,
a fazer recordar livros de infância,
a sua cor tão pouco trabalhada.
Onde crescesse relva,
algumas folhas e chaminé acesa

E lá dentro: cozinha,
e gente, e riso,
e um tom de noite amena:
um saudável bem-estar
de vinho quente

A chimney with smoke

I'd like a small roof
for some serious protection

As if the roof were me
declaring in a poem that there are galaxies,
a few bright canticles of light

Today, I have no sun

Today, the stones are stones
and the streets are streets
barefaced, unmasked.
And even the naked marks left by tires
speak to me of nothing

A slate roof,
shaped out of warm mud,
reminiscent of children's books,
the color a mere sketch.
With grass growing, a few leaves,
and a chimney with smoke

And inside: a kitchen,
and people, and laughter,
and a feeling of restful night:
a nostalgic wine-warm sense of
well-being

Não esqueleto doente
de casa
sossegada—

Not the ailing skeleton
of a quiet
house—

Cisões e incêndios

Acordei muito cedo. A luz que se filtrava
por entre as persianas era uma luz macia.
Estremunhada de sono, a gata mal miava,
ou seja, metaforicamente não ardia.

E quem aqui não estava também não entendia
o estado de cisão em que eu tinha acordado
(não, não disse tensão, disse cisão, de facto,
que é esse estado lento entre mar e maresia).

Tomei café, fiz sumos, eu, a que acordou cedo,
e eu, que não acordou, observei fazer,
e fiquei-me encostada entre fascínio e medo
olhando-me de fora, desejando não ser

cindida como língua bífida de serpente.

E então olhei o sol, e o estado de fissura
não abrandou, tomou e invadiu a casa,
e o sol, antes só sol, escureceu de repente
tornou-se um anti-sol, como cindida asa.

E a gata ardeu, acesa, dentro da noite escura.

Schisms and fires

I woke up very early. The light sifting in
through the shutters was a soft light.
Startled from sleep, the cat barely meowed,
or, to speak metaphorically, she wasn't burning bright.

And anyone not here couldn't understand either
the state of schism in which I awoke
(no, I didn't say prism, I said schism,
that slow state between sea and sea spray).

I drank a coffee, squeezed some juice, me, the early riser,
and the me that didn't wake was watching,
lying there, half-mesmerized, half-fearful,
observing me from afar, wishing I wasn't

divided like the forked tongue of the snake.

And then I looked up at the sun, and my cleft state
didn't ease, but seized and invaded the house,
and the sun, that had been only sun, suddenly darkened
and became an anti-sun, like a torn wing.

And the cat burned bright in the dark night.

De alguma casa branca: ou outra história

Uma casa
povoada com ondas e perfil,
por fim habitação

E que não seja casa em demasia
como antes foi,
em brilho incendiada

Podem lá estar Ulisses, os sentidos,
esses, os de viagem reunidos,
mas que as janelas sejam desiguais,
e diferentes os tectos,
versão infidelíssima
da original

Que a casa seja de uma cor diferente,
com rostos pelos vidros reflectidos,
e que na mesa não haja os mesmos livros,
nem dê o candeeiro ao fundo da janela
uma luz de um idêntico fulgor

Com uma casa assim,
talvez eu faça poema em aguarela,
de um óleo de espessura de amuleto
a repousar-se, brando

About a white house: or some other story

A house
peopled by waves and human shapes,
a dwelling place at last

Not a lavish house
as it once was,
aflame with light

Ulysses could be there, the meanings too,
the meanings of the journey all gathered together,
but with every window different,
and the rooftops too,
an utterly faithless version
of the original

A house of a different color,
with other faces reflected in the glass,
and different books on the table,
and the lamp in the window
giving off a very different glow

With a house like that
I could perhaps write a poem in watercolor,
in oils slick and slender as an amulet
resting gently

And everything so well balanced

E tudo a ser de um equilíbrio
tão perfeito e branco
que nada mais precise:

só a casa que não,
nem tu trazendo a casa,
nem imaginação que te fizesse aqui

Bastava Ulisses,
um bastidor rasgado,
e a história toda contada do avesso:

um ciclope bordando no terraço,
a guerra longa, jamais concluída,
e ela feliz com um guarda ou um escravo
meigo e gentil
num quarto do palácio—

iluminado a vida

so pale and perfect
that nothing more was needed:

not even the house,
nor you bringing the house,
nor the imagination that imagined you here

All it lacks is Ulysses,
a bit of torn scenery,
and the story told in reverse:

a cyclops sitting embroidering on the terrace,
the long war, never concluded,
and she happily ensconced with a sentry or slave
very meek, very gentle,
in one of the palace chambers—

alight with life

Perguntas

A vizinha do prédio ao lado
que perdeu o filho num acidente,
sempre que passa por mim de manhã,
cumprimenta-me, sorrindo,
dizendo-me "bom dia"

E eu tenho dias em que penso
o que faz ela para olhar o sol,
depois de acordar no seu quarto,
de abrir a janela para esta rua estreita,
e saudar-me e sorrir-me

Julgo que tem fé,
porque a vejo por vezes saindo da igreja
que fica ao lado do jardim
que nos é comum

Deve ser isso o que a mantém,
a faz vestir-se todos os dias, tomar o cesto das compras,
escolher legumes naquela mercearia:
os minúsculos gestos de que a vida é feita
quando a guerra é ausente

Mas que guerra por dentro sentirá ela,
nesse exacto momento em que abre os olhos
e pensa o filho ali,
no cemitério por detrás da igreja,
ao lado do jardim,
nunca mais lhe podendo dizer
"bom dia, mãe"?

Questions

Whenever the next-door neighbor
who lost her son in an accident
passes me in the morning,
she greets me with a smile
and says "Good morning"

And there are days when I wonder
how she can bear even to look at the sun,
when she wakes in her bedroom,
when she opens the window onto this narrow street,
when she greets me with a smile

I think she must be a believer,
because I sometimes see her leaving the church
next to the park
we share in common

That's probably what keeps her going,
what helps her get dressed each day, pick up her shopping basket,
buy vegetables from the local shop:
the tiny gestures that make up our lives
when there's no war being waged

But what must be the war raging inside her,
when she opens her eyes
and thinks of her son there,
in the cemetery behind the church,
beside the park,
the son who will never again say to her:
"Morning, Mum"?

Manchetes

Não vais chegar, só porque no poema
eu te pedia que viesses,
nem vens, eu sei, mesmo sendo domingo,
nem poderás trazer o domingo contigo

Quem chegou foi a gata,
tanto tempo aos meus pés e sobre o edredão,
mas pediu-me depois, as garras recolhidas,
que eu erguesse os lençóis,
e eu obedeci, e ela entrou

Se isto fosse um poema de Donne, era possível dizer outras coisas,
e a gata e todo o acto dos lençóis seriam metafóricos,
mas não foi isso o que aqui aconteceu
nem eu estou hoje a pensar em tempos metafísicos,
mas nos tempos que nos cercam
e um pouco em ti

Por isso, não tive outro remédio
senão reajustar-me ao sem remédio:
a barbárie liberta, o domingo que nada tem de feriado
mas é um dia igual aos outros,
a gata que adormeceu, absorta, por dentro dos lençóis
e não me oferece qualquer atenção,
nem sequer aos meus pés
se resguardou

Headlines

You won't come now, simply because in this poem
I asked you to,
you won't come, I know it, even though it's Sunday,
no, you won't even bring Sunday with you

Who came instead? The cat.
Having spent all that time on the eiderdown, curled at my feet,
she finally asked me, claws furled,
to draw back the sheets,
which I did, and she entered

Now if this were a poem by Donne, I could say other things,
and the cat and all that business with the sheets would be metaphorical,
but that isn't what happened here
nor am I thinking today about metaphysical times,
but about the times we live in now
and, just a little, about you

That's why I had no choice
but to adapt to that non-choice:
barbarity unleashed, a Sunday with nothing Sundayish about it
a day like any other,
oblivious, the cat fell asleep beneath the sheets
and now takes no notice of me at all
abandoning
even my feet

O filho pródigo

Partiu
quando chegou o tempo do fascínio:
era-lhe estreito o mundo onde vivia
e largo o outro mundo,
povoado de sonhos
por fazer

Conta-se que viveu de sombras,
de bolotas
e que por fim vencido
voltou ao espaço
velho

O vitelo mais gordo,
disse o pai,
brindando ao seu regresso

Com vitelos se compram pensamentos
e se saciam solidões

e fomes

The prodigal son

He left
when the time of enchantment arrived:
the world in which he lived felt far too narrow
and that other world so wide,
peopled with dreams
as yet undreamed

It's said he lived on shadows,
on acorns
and that at last defeated,
he returned to the tired old
space

Bring the fatted calf,
said his father,
to honor his return

With such meat thoughts are bought
and solitudes are sated

and hungers too

O outro filho (irmão do pródigo)

"O vitelo mais gordo"
disse o pai
Mas era para o outro
que falava

E ele interrogou-se confundido,
o coração pesado de negócios,
esquecido de viagens e sonhos
por fazer

Deve ser coisa estranha
a lealdade,
como difícil o ofício
de amar

Perdida a juventude
entre contas e servos,
entre terras vedadas e cega obediência
que lhe restava

senão juntar-se à festa
e comer do vitelo
e fingir alegria
em pródigos sorrisos?

The other son (brother to the prodigal son)

"Bring the fatted calf,"
said the father
but it was to the other son
he spoke

And he, in his confusion, wondered,
weighed down by business matters,
thoughtless of journeys and dreams
as yet undreamed

It must be a strange thing
loyalty,
and how difficult the task
of loving

His youth lost
among account books and servants,
among fenced-in fields and blind obedience,
what else

but join the feast
and eat the fatted calf
and feign delight
with prodigal smiles?

O que não há num nome

Sentada a esta mesa, a varanda à direita,
como de costume,
penso na minha filha e no nome que lhe demos,
eu e o seu pai, quando ela nasceu

Um nome é coisa de fala e de palavra,
tão espesso como aquelas folhas que, se pudessem olhar,
me haviam de contemplar daquele vaso,
perguntando-me por que se chamam assim

Porém, não fui eu quem escolheu o nome da flor
a que pertencem essas folhas:
o nome já lá estava, alguém pensou nele
muito antes de mim, e foi decerto a partir do latim,
só depois: o costume

Mas não há nada de natural num nome:
como uma roupa, um hábito, normalmente para a vida inteira,
ele nada mais faz do que cobrir
a nudez em que nascemos

Com a minha filha,
o mais belo de tudo, a maior deflagração
de amor—foi olhar os seus olhos,
sentir-lhe o toque em estame
dos dedos muito finos

What's not in a name

Sitting at this table, the balcony to my right,
as usual,
I think about my daughter and the name we gave her,
me and her father, when she was born

A name is something spoken, a word,
as substantial as those leaves which, had they eyes,
would be staring at me from that vase,
asking me why they were given that name

But I didn't choose the name of the flower
to which those leaves belong:
the name was already there, someone else invented it
long before me, probably from the Latin,
later on; and it stuck

But there's nothing natural about a name:
like a dress, a habit, usually made to last a lifetime,
all it does is cover
the nakedness with which we were born

With my daughter,
the most beautiful thing, the greatest blaze
of love—was looking into her eyes,
feeling the stamen-soft touch
of those most delicate of fingers

esses: sem nome ainda,
mas de uma incontrolável
perfeição   inteira

those fingers as yet unnamed,
but of such unfettered
entire   perfection

Diferenças (ou os pequenos brilhos)

Quando eu morrer, a diferença já não:
o próximo fulgir de estrela: igual,
na panela fervente: o vegetal
à mesma temperatura. Quando eu morrer,
a minha rua será a mesma rua,
a luz do candeeiro: luz igual.
Os meus livros terão as mesmas cores,
as mesmas letras, os mesmos sinais,
tal como na cozinha os pontos cardeais
serão os mesmos onde quer que eu for:
aqui, botão do gás, ali os pratos
a flores discretas, recém-arrumados,
e do lado direito (simbólico o seu estado),
máquina de lavar. Quando eu partir,
as coisas ficarão como devem ficar.

Perder-se-á, é certo, da cozinha
o seu nível onírico e de inspiração:
nunca mais o fogão a dizer versos,
nunca mais o fogão: sem ser, sendo, fogão.
Para além disso, as rendas serão rendas,
as gavetas, gavetas. E, como é óbvio,
as janelas: janelas de entrar luz.
E o incêndio que vi nesta parede
(Tróia onde mil Cassandra a convidar)
ceder-se-á ao sítio onde o sonhei e pus.
Ou seja: no papel. Que ficará.

Differences (or minor glimmerings)

When I shall die, it will make no difference:
the nearby starry glitter: still the same,
in the pan of boiling water: the vegetables
still cooking at the same temperature. When I die,
my street will be the same street,
the light from the street lamp: the same light.
My books will have the same colors,
the same words, the same signs,
just as in the kitchen the cardinal points
will be the same wherever I may chance to have gone:
here, the knob on the gas stove, over there, the plates,
discreetly floral, newly put away,
and to the right (symbolically enough),
the washing machine. When I am gone,
things will stay in their appointed places.

True, the kitchen will definitely lose
something of its dreamy, inspirational mode:
the cooker will never again spout poetry,
the cooker will always be just that, a cooker.
And the napkins will be napkins,
the drawers, drawers. And, obviously,
the windows: still windows letting in light.
And the blaze I saw on that wall
(Troy, a thousand Cassandras and their siren call)
will give way to the place where I dreamed
and set it down: this sheet of paper. Which is what will remain.

Que, como livro: anel interestelar,
como cebola à espera de um luar
que outros olhos não vêem. Mas seduz.

Quando eu partir, a diferença já não.
Só um fulgir de som? Só zunido de abelha
sobre flor? Minúsculo cavalo na parede
em ínfimo esplendor?

As a book: interstellar ring,
like an onion awaiting a moonlight
other eyes cannot see. But alluring all the same.

When I am gone, it will make no difference.
Just a glimmer of sound? Just the buzz of a bee
on a flower? A minuscule horse on the wall
a diminutive, slight splendor-to-be?

Das impossíveis semelhanças

É quando a morte se instala
à nossa volta entre os que mais amámos:
os que nos foram vida, os nossos,
os amigos

—e de repente, também os que seguimos
desde jovens e só reconhecemos por jornais,
e tornaram o mundo
um lugar mais ameno
como o mundo poderia realmente ser

Ouvi pela primeira vez *Take this Waltz*
na mesma altura em que escrevi um poema
com cavalos de pedra e uma fotografia
que tirei a seu lado, não de Leonard Cohen,
mas de alguém por quem me apaixonei, e tão eficazmente
como acontece a um míssil
de precisão absoluta

Ainda vive (e bem), mas é como
se tivesse quase desaparecido,
uma fotografia antiga levemente a esbater-se,
desmanchando-se em cinza com a luz do sol,
o que é muito parecido
com morrer

Impossible likenesses

It's when death settles in
around us among those we love most:
those who were life itself to us, were ours,
our friends

—and suddenly, those, too, whom we've followed
since we were young and know only from newspapers,
but who made the world
the much gentler place
the world could actually be

I first heard *Take this Waltz*
when I was writing a poem
about stone horses and a photograph
I took, not beside Leonard Cohen,
but beside someone I fell in love with, as precisely
as the most precise
of precision missiles

She's still alive (and well), but it's as if
she had almost disappeared,
an old photograph slowly fading,
dissolving into gray in the sunlight,
which is very similar to
dying

(Mas, por muito que eu tente imaginar
que é semelhante,
de facto não é a mesma coisa. Não,
não é a mesma coisa)

(But, however hard I try to imagine
a similarity,
it really isn't the same thing. No,
not the same thing at all)

OR, IN OTHER WORDS
(7 POEMS)

Bifronte condição

Luxo de ter olhar, de ver desta janela,
elegante e atento, aquele gato matizado
a branco e a canela, luxo de um prato
doce e confortante, luxo do tempo a desdobrar-
-se, e de sentir calor junto a janeiro,
e a cada movimento

Do outro lado, ao fundo da janela,
o lixo examinado atentamente por homem rente ao frio,
tudo a tornar-se frio dentro das coisas,
os movimentos crispados e cinzentos,
de como é curto o tempo, ou de como
 as palavras encurtam
o dizer

O luxo de estar quente:
um luxo absurdo, mas luxo verdadeiro
ao lado do janeiro: o mês bifronte,
feito de duas faces, como nós,
desatentos, fingidos, incultos habitantes
deste planeta que,

visto de um outro lado, se ele houver,
por olhos outros, se eles existirem,
há-de parecer assim: bifronte:
de um lado, a mansidão de amar e proteger,
na outra face, a outra condição de olhar sem ver,
por isso sem indulto, nem cósmica razão
que nos redima

The Janus condition

The luxury of looking, of seeing from this window,
elegant and attentive, that cat marbled
with white and cinnamon, the luxury of a dish
sweet and comforting, the luxury of existing,
of being warm and snug so close to January,
with every easy movement

Outside, on the other side of the window,
a man rummages through the garbage,
cheek by jowl with the cold, the all-pervading cold,
every movement cramped and gray,
how brief time is, how
words grow shorter
when said

The luxury of being warm:
an absurd luxury, but a very real one
so close to January: the Janus month,
two-faced like us,
the distracted, false, uncouth inhabitants
of this planet which,

seen from another angle, if there were one,
through other eyes, if they existed,
must seem exactly that: two-faced:
on the one side, meek, loving, caring,
on the other, looking without seeing,
and thus with no reprieve, no cosmic reason
that might redeem us

A mulher de Lot

Que farias comigo,
se houvesses tido coragem de parar?

Não eu como era dantes:
me deitava contigo
mesmo não tendo nome, só o teu,
te dava filhas, te cozia o pão?

Que farias comigo,
não eu como antes era,
mas eu agora
em estátua transformada?

Quantas libras de sal,
um bem precioso,
poderias agora possuir,
se coragem então tivesses tido?

Tantos alqueires
carregados de frutos e sementes,
bezerros de verdade, talvez até quem sabe
pedaço cobiçado da terra prometida
essa que tu sonhavas
depois de adormeceres?

Lot's wife

What would you do with me,
if you'd had the courage to stop?

Not me as I was before:
the one who lay with you
the me without a name, only your name,
who gave you daughters, baked your bread?

What would you do with me,
not me as I was before,
but me now
transformed into a statue?

How many pounds of salt,
a fortune,
could you have now
if your courage hadn't failed you then?

All those acres
heavy with fruit and grain,
not golden calves, but real ones?
Who knows? Perhaps
that longed-for piece of promised land
of which you dreamed
when you slept?

Mas eu fiquei ali,
olhando para sempre uma cidade
ausente,
inominada eu,
e nem a chuva em fogo que do céu tombou
me transformou em água
redentora

Nem tu ficaste rico
do meu corpo

Só te deitaste depois com o meu corpo,
ao teres as minhas filhas,
tuas filhas,
estendidas a teu lado sobre a esteira,
elas dando-te filhos, esses com nome
e carne nas entranhas

não sal
mas verdadeira—

But I stayed there,
gazing for ever at a city
now absent,
the nameless me,
and not even the rain of fire that fell from the skies
could turn me into water
redemptive water

Nor did you grow rich
on my body

You did, though, lie with my body
when you lay with my daughters,
your daughters,
lying by your side on the mat,
and they gave you children, who did have names
and flesh in their loins

not salt
but real flesh —

O massacre dos inocentes

"Porquê o meu?"
e era uivo o seu grito,
um sino agudo dentro do pesadelo

Tinha-o envolto em panos coloridos,
tingidos com cuidados e dedos infinitos
antes de ele nascer,
e o sol que os embalava,
a ele, a ela,
cheirava a gume espesso

Mas ela estava acostumada ao sol,
ele é que não, tão fina a sua pele,
por isso o sustentava assim nos panos,
protegido do sol

E eles chegaram, os instrumentos
de matar nas mãos,
as emoções sem cor, enferrujadas,
que assim era preciso:
assassinar por dentro ideias como filhos
ou amor

"Porquê o meu?"
a pergunta estendeu-se, repetida, estirada como elástico
infinito, até que se partiu

The massacre of the innocents

"Why my child?"
and her cry was a howl,
a clanging bell inside the nightmare

She had wrapped him in colored cloth,
dyed with such care, by infinite fingers
before he was born,
and the sun that cradled them,
him and her,
had a thick and sharp metallic tang

But while she was used to the sun,
he wasn't, his skin so delicate,
which is why she swathed him in that cloth,
protected from the sun

And then they arrived, killing tools
in their hands,
emotions necessarily
colorless, rusty:
murdering inside themselves ideas such as children
or love

"Why my child?"
the question, repeated, stretched out like an infinite elastic
band, until it broke

Só o eco ficou, feito de sangue,
e nem aquele ainda por nascer
(entre palhas, se diz)
conseguiu responder à dor
naquele grito—

Only the echo remained, an echo of blood,
and not even the one yet to be born
(in a manger, they say)
could answer the pain
of that cry—

A terra dos eleitos, ou parábola na montanha

Era então essa
a terra do segredo,
o espaço de ventura
prometido?

De abundância
e
de doces lugares,
em que o excesso de ser
contrariava
a existência parca
da viagem?

Era esta então a terra
da promessa,
o espaço de fortuna
dos eleitos?

Devia ser:
e líquidas fronteiras
ali foram traçadas

Feitas de leite e mel
para os eleitos

e de fel e de sangue
para os
outros

The land of the chosen people, or sermon on the mount

Was this then
the secret land,
the promised
place of good fortune?

Land of bounty
and
sweet repose,
in which the excess of being
would counter
the meager existence
of the journey?

Was this then the
promised land,
the providential space
for the elect?

So it would seem:
for liquid frontiers
were there drawn up

Made of milk and honey
for the chosen ones

and of bitter gall and blood
for
the others

Mediterrâneo

os mares de Homero deixaram
de trazer, esbeltas, as suas naves

em nome dos sem nome, continua.
por desertos de areia, desertos sem
sentido, continua. por rostos no deserto,
os do sem nome ou rosto, continua.
ao fundo do deserto, diz-se gotas de
sangue e grãos de areia, a esfinge
no deserto, continua. no verdadeiro
nome do espesso fluido que se diz
vital, em toneladas certas, continua.

os divinos moinhos moendo devagar
fina farinha, inúteis mares de pó

Mediterranean

the seas of Homer ceased
to bring their slender ships

in the name of the nameless, it goes on.
across sandy deserts, meaningless
deserts, it goes on. in faces in the desert,
shapeless, nameless faces, it goes on.
in the depths of the desert, drops
of blood, grains of sand, the sphinx
within the desert, it goes on. in the
name of the dense, seemingly vital
fluid, measured out in tons, still it goes on.

the divine mills slowly grinding
fine flour, futile seas of dust

Aleppo, Lesbos, Calais, ou, por outras palavras,

quero falar do que antes eram ruas, avenidas
bordadas a casas e palmeiras, dos tapetes que outrora,
em imaginação nossa, voavam de magia
e que agora se esfumam de outras formas,
as mais rasas

Ou do tempo da poesia antes, quando os barcos
entravam, esguios, e a palavra se fazia
a nitidez de imagem, da violência depois e deste tempo,
porta de entrada em rudes barcas para a violência
em séculos agora

Ou ainda dos carreiros de gente
a parecerem oceanos a lentes de distância, grandes planos,
mas que, partida a gente em gente singular, sobra em nomes
inteiros, gostos próprios, distintos sofrimentos, músculos
de sorrir diferentes todos,
                              ah, se a amplíssima lente
se transformasse, estreita, em microscópio de vida

Do que vejo de longe e num écran,
quero falar não usando redondilha,
versos redondos, uma sintaxe igual e certa

quero estas linhas em que falo das outras linhas
feitas de outra matéria, real e dura, explodida, essa,
detida por coletes e armas cor de fumo,

Aleppo, Lesbos, Calais, or, in other words,

I want to speak about what used to be streets, avenues
flanked by houses and palm trees, about magic carpets that once,
in our imaginations, flew through the air
and now vanish in other,
more ordinary ways

Or about how poetry used to be, in the age of slender sailing ships
and about how the word then
was image enough, about the violence that followed and continues,
an entry point in primitive boats for this now
centuries-old violence

Or the caravans of people, which, seen through
a long-distance lens, resemble oceans, vast prospects,
but which, when declined in the singular, are full of proper
names, personal tastes, discrete sorrows, every
smile-muscle different,
                    ah, if only that widest of lenses
could be narrowed down into a microscope of life

I cannot compose a neat rondel
about what I see from afar and on a screen,
write nicely rounded verses, in a confident, even syntax

I want these lines in which I speak of those other lines
made of other matter, real, hard, volatile,
detained by bulletproof vests and weapons the color of smoke,

e, ao lado dos oceanos de gente,
os sedimentos que vivem noutras gentes,
as vizinhas a mim, o ódio construído lentamente
a rasar a abominação

Do que chega em olhar, das camadas de séculos em que tudo
parece mercadoria fácil de esquecer,
ou então que o desterro nos ficou raso aos genes
e só ele é lembrado, e ele sozinho serve para insistir o horror,
de tudo isso não há forma de verso que me chegue
porque nada chega de conforto ou paz

Mas que o furor persista,
e que neste recanto ao canto desta Europa,
mesmo sem vergonha de estar quente e longe,
e protegida sob uma lente amplíssima
que só deixa passar, finíssimas, meia dúzia de imagens:
ou, por outras palavras, a cegueira—

mesmo sem palavras: o furor—

and, alongside those oceans of people,
the sediment that lives in other people,
my neighbors, the slow years of accumulated hatred
verging on abomination

About all that the eye sees, about the layers of centuries in which everything
seems like mere forgettable merchandise,
or is it that exile remains so fixed in our genes
that it's all we remember, and serves only to underline the horror,
for which there is no fitting poetic form
because nothing brings comfort or peace

Yet may the rage persist,
and in this snug little corner of Europe,
unashamed of being warm and safe,
and protected by the widest of lenses
that allows through barely half a dozen images,
or, in other words, blindness—

even without words, the rage—

Das mais puras memórias: ou de lumes

Ontem à noite e antes de dormir,
a mais pura alegria

de um céu

no meio do sono a escorregar, solene
a emoção   e a mais pura alegria
de um dia entre criança e quase grande

e era na aldeia,
acordar às seis e meia da manhã,
os olhos nas portadas de madeira, o som
que elas faziam ao abrir, as portadas
num quarto que não era o meu, o cheiro
ausente em nome

mas era um cheiro
entre o mais fresco e a luz
a começar   era o calor do verão,
a mais pura alegria

um céu tão cor de sangue
que ainda hoje, ainda ontem antes de dormir,
as lágrimas me chegam como então, e de repente,
o sol como um incêndio largo
e o cheiro   as cores

About the purest memories: or about light

Last night, just before sleeping
the purest of joys

a sky

came slipping into my almost-sleep, a solemn
feeling   the pure joy
of a day when I was half-child half-grown

in the village it was
waking at half past six in the morning,
eyes fixed on the wooden shutters, the sound
they made when opened, the shutters
of a room not mine, the smell
its name absent

but a smell
between cool and just beginning
light   it was the summer heat,
pure joy

a sky so blood-red
that even today, even yesterday before sleeping
the tears come as they did then, and suddenly
the sun like a spreading fire
and the smell   the colors

Mas era estar ali, de pé, e jovem,
e a morte era tão longe,
e não havia mortos nem o seu desfile,
só os vivos, os risos, o cheiro
a luz

era a vida, e o poder de escolher,
ou assim o parecia:

a cama e as cascatas frescas dos lençóis
macios como estrangeiros chegando a país novo,
ou as portadas   abertas de madeira
e o incêndio   do céu

Foi isto ontem à noite,
este esplendor no escuro e antes de dormir

. . . .

Hoje, os jornais nesta manhã sem sol
falam de coisas tão brutais
e tão acesas, como povos sem nome, sem luz
a amanhecer-lhes cor e tempos,
de mortos não por vidas que passaram,
mas por vidas cortadas   a violência de ser
em cima desta terra   sobre outros mortos
mal lembrados ou nem sequer lembrados

E eu penso onde ela está, onde ela cabe,
essa pura alegria recordada
que me tomou o corredor do sono,
se deitou a meu lado ontem à noite

But it was being there, being so young
and death so far off,
when there were no dead no funeral processions,
only the living, the laughter, the smell
the light

it was life and being able to choose,
or so it seemed:

the bed and the cool cascades of sheets
soft as strangers arriving in a new land,
or the wooden shutters   open
and the fire   of the sky

This was last night,
this splendor in the dark, before sleeping

. . . .

Today, the newspapers on this sunless morning
speak of things so brutal
and so flagrant, like peoples without names, without light
to bring them dawn colors and times,
of dead people who did not pass through life
but had their lives cut short   the violence of standing
on this earth   on others who have died
scarce remembered or remembered not at all

And I wonder where it is, where it fits
the pure recollected joy
that met me on the corridor into sleep,
and lay down beside me last night

tomada novamente   tornada movimento,
mercadoria bela para cesta de vime   muito belo,
como belo era o céu daquele dia

Onde cabe a alegria recordada
em frente do incêndio que vi   ontem de noite?
onde   as cores da alegria?   o seu corte tão nítido
como se fosse alimentado a átomo
explodindo

como fazer de tempo? como fingir o tempo?

. . . .

E todavia   os tempos   coabitam
E o mesmo   corredor dá-lhes espaço
e lume

remade   made motion,
beautiful merchandise to fill a very beautiful   wicker basket,
as beautiful as the sky that day

Where does joy recollected fit
face-to-face with the fire I saw   last night?
and where   the colors of joy?   its shape as clear
as if fed by some atom
exploding

And what of time? How make mock of time?

. . . .

And yet   different times   coexist
And the same   corridor gives them space
and light

Index of titles